1740
1845.

MOTION

De M. GODARD, l'un des Repréfentans de Commune, faite à l'Affemblée générale de la Commune, le 15 Décembre 1789, (1) SUR L'ÉTENDUE & L'ORGANISATION DU DÉPARTEMENT DE PARIS.

MESSIEURS,

Depuis que vous êtes raffemblés, aucune queftion plus importante que celle qui vous agite en ce moment, ne s'eft encore offerte à votre difcuffion. Que ferez-vous dans la nouvelle divifion territoriale du Royaume ? Quelle place la Ville de Paris y occupera-t-elle ? Quel genre d'organifation lui eft deftiné ? Quel eft celui qu'elle doit obtenir ?

---

(1) L'Affemblée de la Commune ayant arrêté que la préfente Motion feroit imprimée ; l'Auteur l'a livrée à l'inftant à l'impreffion ; mais il obferve qu'ayant quitté l'Affemblée de la Commune le Lundi 14 à 10 heures & demie du foir, & fa Motion ayant été prononcée dans la Séance du lendemain matin, il a droit à quelqu'indulgence pour un Ouvrage fait avec tant de précipitation dans un intervalle auffi court.

A

J'ose dire, Messieurs, (& je n'exagère point) que c'est de la décision de ces questions que dépend l'anéantissement ou la splendeur de la Capitale, & de-là, comme on vous l'observoit hier, l'anéantissement ou la splendeur du Royaume, par les rapports intimes de la Capitale avec les Provinces; par l'influence qu'elle exercera toujours sur les diverses parties de l'Etat, par les avantages qu'elle leur procurera perpétuellement, à raison de sa population, de ses richesses, de ses contributions. Donnons donc à l'examen de la question qui nous occupe toute l'attention & l'intérêt que son importance exige; mettons de côté tout esprit de prérogative, toute idée de supériorité, toute prétention, de quelque nature qu'elle soit; ne demandons rien de ce qui pourroit nuire aux autres; mais demandons ce qui nous est dû, ce qui nous est nécessaire, ce qu'il est impossible que nous n'ayons pas; & l'Assemblée Nationale, qui jusqu'à présent a été juste envers tous les Citoyens, ne choisira pas la Ville de Paris pour exercer contr'elle son premier acte d'injustice.

On vous disoit hier, Messieurs, que la question n'étoit pas *entière*; que si elle l'étoit, on pourroit adopter un Plan, qui

offriroit plus d'avantages à la Ville de Paris
que celui auquel on l'obligera de fe con-
former ; mais que les Députés des Provinces avoient déjà arrangé les Départemens ;
que fur-tout, dans les environs de Paris,
les arrangemens étoient faits, les Députés
d'accord entr'eux ; & que fi l'on venoit
à tout déranger aujourd'hui, l'organifation
fi inftante des Municipalités feroit re-
tardée.

Je ne conçois pas, Meffieurs, comment
on a pu vous offrir de pareils motifs,
pour vous engager à vous contenter de
la part qui vous a été faite. Et concevez-
vous bien vous-même que les Députés
des Provinces pourroient regarder comme
décidée une queftion qu'ils n'ont agitée
& traitée qu'entr'eux, dans laquelle ce-
pendant nos Députés étoient parties, &
pour la difcuffion de laquelle il eft affez
extraordinaire que ceux-ci n'ayent pas
été appellés ? Il faut bien faire attention,
en effet, qu'il ne s'agit pas ici de faire
une Loi, mais de paffer un contrat en
vertu d'une Loi déjà faite ; & ce contrat
doit non feulement être conforme à la
Loi, mais ne peut être paffé qu'avec
toutes les parties intéreffées. Je foutiens
donc que la queftion eft encore entière,
& que le retard de l'organifation des Mu-

nicipalités n'est pas une considération qui doive arrêter notre zèle.

Quelques jours de plus suffiront pour faire de nouveaux arrangemens. Vous savez d'ailleurs mieux que moi, Messieurs, qu'il est bien plus sage de temporiser pour faire une bonne opération, que de se hâter d'en faire une mauvaise, à laquelle tôt ou tard, & après la funeste expérience des maux qu'elle a produits, on est obligé d'en substituer une meilleure. Encore une fois, traitons la question comme si elle étoit entière; elle l'est réellement; & les Députés des Provinces ne pouvant pas résister à la justice évidente de nos réclamations, ils n'auront que le regret d'avoir mis trop de précipitation & de partialité peut-être dans l'organisation des Départemens.

Vos Députés à l'Assemblée Nationale vous ont présenté plusieurs systêmes. Les Représentans de la Commune en ont aussi présenté plusieurs. Du moment où j'ai entendu poser la question, un seul m'a paru admissible, parce qu'il est le seul qui m'ait paru conforme aux principes & à la nécessité impérieuse des circonstances. Tout ce que j'ai entendu depuis m'a confirmé dans l'opinion que ce systême étoit le seul que nous dûssions admettre. C'eſt celui que M. l'Abbé de Syeyes vous a expoſé avec tant de clarté & de préciſion.

Paris, vous a-t-il dit, doit être dans un Département, & être lui-même un Département, qu'il a appellé, je crois, un *Diſtriĉt municipaliſé*.

Ainſi, deux propoſitions bien diſtinĉtes dans ſon ſyſtême :

Paris doit être dans un Département ;

Paris doit avoir lui-même un Département.

Chacune de ces deux propoſitions me paroit également frappante, & devoit être admiſe.

D'abord, la première ne peut ſouffrir aucune eſpèce de difficulté.

Le Royaume entier eſt diviſé en Départemens de 36 lieues quarrées chacun. Voilà la Loi générale. Si c'eſt la Loi générale, Paris doit la ſubir comme toutes les autres parties du Royaume ; & en le demandant à l'Aſſemblée Nationale, il ne demandera que ce qui eſt conforme à la Juſtice, à la régularité, à l'harmonie ; il ne demandera qu'à contribuer à l'uniformité qu'on a voulu établir ; tandis que c'eſt bleſſer à la fois & cette uniformité, & la juſtice, & la

Loi elle-même, que de vouloir, par une de ces exceptions singulières, que des Législateurs devroient toujours proscrire de leur code, qu'il ne fasse point partie d'un Département.

Cette exception seroit-elle une faveur qu'on veut lui faire ? il ne la demande pas.

Seroit-elle introduite pour nuire à ses intérêts ? Quelle raison eseroit-on en donner ?

Il n'y a donc pas de motifs qui légitiment l'exception en vertu de laquelle Paris seroit privé de la faculté d'être dans un Département.

Les Défenseurs du système contraire prétendent qu'il y auroit des inconvéniens pour Paris d'être dans un Département ; attendu que les Assemblées d'Administration *alterneront de lieu*, & que les Députés de Paris seront obligés de se déplacer ; attendu encore que les Députés des autres Districts auroient entr'eux une très-grande influence contre ceux de Paris.

Je commence par répondre que je n'entends ni comment, ni pourquoi cette influence combinée qu'on suppose aux différens Districts contre celui de Paris, pourroit avoir lieu. Je n'entends pas comment, lorsqu'il n'y aura qu'un même esprit, un même intérêt, un même but dans l'Ad-

miniſtration Publique, il pourra exiſter autre choſe qu'une tendance commune au
bien général? Je n'entends pas comment le
mal qui ſeroit fait à l'une des parties d'un
même tout, réjailliſſant néceſſairement ſur
les autres parties, & troublant l'harmonie
néceſſaire entr'elles, les Diſtricts pourroient être tentés de ſe nuire réciproque-
ment. Il faut donc écarter cette première
objection tirée de cette influence chimé-
rique des différens Diſtricts contre celui
de Paris.

Quant à celle tirée du déplacement
des Députés de la Capitale, à raiſon de
la néceſſité d'*alterner*, je répondrai qu'elle
n'eſt d'aucune valeur; que ſi le déplacement dont on parle, eſt un inconvénient,
il eſt d'abord très léger; que d'ailleurs
toutes les Villes du Royaume y ſeront
expoſées, & qu'il n'y a pas de raiſon
pour que la Ville de Paris ſeule en ſoit
exempte; qu'enfin cet inconvénient ſera
compenſé par l'avantage qu'aura Paris d'ê-
tre à ſon tour le chef-lieu du département.

Il n'y a donc pas d'inconvéniens à
vouloir que Paris ſoit dans un Département; & j'y vois, au contraire, de
très-grands avantages. Nous étendrons
nous multiplierons par-là nos rapports
avec les Villes voiſines; nous les diſpo-

ferons davantage à nous prêter les secours dont nous pourrions avoir besoin; quelque puissans que nous soyons, par nous-mêmes, nous formerons, par notre union avec elles, une coalisation bien plus puissante pour le bien public : on ne nous reprochera plus d'être Etrangers au reste du Royaume, & nous ferons cesser toutes ces petites jalousies, toutes ces rivalités d'intérêt, qui pouroient un jour nous devenir funestes; enfin l'administration des Villes voisines nous fournira des lumières, des connoissances, des ressources qui peut-être nous échapperoient dans l'isolement où l'on voudroit nous placer; pour tout dire, en un mot, un commerce plus intime, avec les Habitans des Provinces, nous rendra plus propres à maintenir la belle révolution que nous avons faite, en nous rapprochant davantage de la simplicité de mœurs & d'habitudes que nous ne pouvons nous empêcher de louer en eux, & souvent même de leur envier.

Ainsi, aucuns inconvéniens, beaucoup d'avantages à vouloir que Paris soit, comme toutes les autres parties du Royaume, dans un Département. Demandons le donc; demandons le instamment, comme une exécution de la Loi qui a été faite. C'est ne demander que ce qui est juste, que ce qui nous eſt accordé à l'avance par la Loi, que ce qui ne peut nous être refuſé par les hommes, ſur-tout, de qui cette Loi eſt émanée, à moins qu'il ne veuillent être accuſés de détruire eux-mêmes leur propre ouvrage ; à moins qu'ils ne veuillent regarder Paris comme étranger à la France, hors de la France, & ne faiſant point partie de la France.

Je le répéte donc, point de difficulté ſur la première propoſition de M. l'Abbé de Syeyes. Paris doit être dans un Département ; & ce n'eſt point nous faire grâce, mais juſtice, ce n'eſt point nous accorder une prérogative, mais nous donner ſeulement ce qui nous eſt dû, que de nous placer dans un Département, à l'inſtar de toutes les autres parties du Royaume.

J'EXAMINE actuellement la ſeconde Queſtion, qui conſiſte à ſçavoir ſi Paris doit être ou avoir lui-même un Département ? Il me ſemble, Meſſieurs, que cette ſeconde Queſtion ne doit pas offrir plus de doutes que la première.

Ce ſeroit une exception, diront les Adverſaires de ce ſyſtême ; & il ne doit point y en avoir dans un tout bien or-

ganifé, en faveur de l'une des parties de
ce tout.

Mais je demande fi Paris ne forme pas
lui-même une exception & une exception
bien frappante à toutes les autres Parties
du Royaume?

Je demande fi Paris n'eft pas hors de
mefure, de proportion, de rapport avec
toutes les autres Villes; & fi en l'affujet-
tiffant au régime général, il n'eft pas néceffaire de lui donner, en même-temps
un régime particulier que l'immenfe étendue de fon territoire & de fa population
réclament de concert?

Je demande, enfin, fi en n'établiffant
pas pour Paris, l'exception propofée par
M. l'Abbé de Syeyes, exception néceffaire,
indifpenfable, follicitée par un concours
incalculable de circonftances, on conçoit
bien que Paris puiffe être adminiftré,
gouverné, régi pendant huit jours feulement, fans éprouver, dans fon fein, des
agitations violentes & des fecouffes dan-
gereufes? Je demande fi notre exiftence
& nos fortunes ne feroient pas à chaque
inftant compromifes; fi nos vies ne feroient pas perpétuellement expofées ou
aux horreurs de la famine, ou aux deffeins
coupables des fcélérats?

Et fi l'on me répond d'une manière

fatisfaifante à toutes ces queftions, j'aban-
donne la feconde propofition de M. l'Abbé
de Syeyes, & je me reftrains à la première.

Je ne veux pas comparer le nouvel état
des chofes à l'ancien ; je ne veux pas dire
que, dans l'état actuel de régénération,
Paris doive être par rapport aux Provinces ce qu'il étoit par rapport à elles
dans les tems de Defpotifme. La Révolution n'eft pas encore finie, & déjà la
face de Paris eft changée ; déjà les Provinces ont conquis une partie de fes pertes. Mais je veux dire que fi, dans les tems
d'oppreffion, & lorfque le Defpotifme
s'étendoit d'un bout du Royaume à l'autre,
Paris avoit une Police particulière, une
adminiftration particulière, des Régle-
mens particuliers & tels qu'il n'en exiftoit
point de femblables dans aucune Ville du
Royaume, Paris doit encore avoir aujour-
d'hui, & dans ce moment de reftauration
univerfelle, une forme particulière d'adminiftration, néceffitée par les circonftances qui lui font particulières & exclu-
fives.

Je ne vous retracerai pas, Meffieurs,
tout ce qui vous a été fi éloquemment &
fi noblement développé hier par M. de Vau-
villiers. Il eft impoffible de perdre aucunes

des paroles de cet homme, qui difpofe fi bien à l'attention, parce qu'on fait d'avance comment il parlera, & qui la captive fi bien enfuite par la manière dont il parle. Il vous a démontré que lorfqu'on avoit chaque jour fix à fept cent mille bouches à nourrir, un nombre infini de gens oififs à furveiller, des inconnus nombreux dont on avoit à éclairer les démarches, à contenir, ou à prévenir les écarts; il ne falloit point une adminiftration qui fût à la merci des autres, qui en fût dépendante, qui leur fût fubordonnée, mais qu'il falloit tout voir, tout diriger, tout opérer par foi-même; qu'il le falloit par des formes particulières qui feroient nuifibles ou inutiles aux autres villes du Royaume, & qui font néceffaires à la Capitale; que les circonftances le vouloient ainfi: & lutter contre les circonftances, & des circonftances auffi impérieufes, ce feroit la plus condamnable, comme la plus funefte des folies.

Ainfi, Meffieurs, Paris ne reffemblant en rien aux autres Diftricts qui compoferont avec lui le grand Département, Paris en étant au contraire, & fous tous les rapports, effentiellement & totalement différent, doit avoir ou être lui-même un Département particulier. Sa popula-

tion, son territoire, ses richesses l'exigent.
Il ne faut pas le lui accorder, parce que
ce sera une prérogative ; mais parce que
ce sera une chose nécessaire ; parce que si
on ne le lui accorde pas, la Capitale tom-
beroit dans un état d'anéantissement dont
le Royaume entier souffriroit, & qu'elle
éprouveroit même des convulsions qui
prépareroient insensiblement la ruine des
Provinces & l'invasion du Despotisme.

Il est donc nécessaire, pour les Provinces elle-mêmes, que Paris obtienne
ce qu'il demande. Et Paris qui a sauvé
la France, Paris qui a conquis la liberté,
Paris qui jouissoit de prérogatives im-
menses qu'il a toutes sacrifiées au bien
général du Royaume, Paris continuera
d'être le rempart de la Liberté, & l'é-
pouventail du Despotisme.

Je suppose qu'aujourd'hui Paris n'existe
plus, & que les Projets de ceux qui vou-
droient l'immoler eussent réussi à l'avance,
bientôt vous verriez la Liberté disparoître
de la France, & le Despotisme rentrer
dans ses domaines. Il ne régneroit pas,
entre les Habitans isolés des différentes
Villes des Provinces, le même accord
qu'entre les Habitans nombreux d'une
seule & même Ville ; ils ne se réuniroient

pas avec tant de promptitude ni de facilités ; de grands efforts ne feroient pas néceflaires pour empêcher leur réunion ; chaque Ville enfin n'offriroit pas une réfiftance ni difficile ni longue à vaincre ; & la France, qui refpire à peine de fes anciennes oppreffions, n'auroit eu que les convulfions de la Liberté, fans avoir eu le temps de gouter aucun de fes avantages.

Que Paris au contraire fe foutienne, non tel qu'il a été, mais tel qu'il doit être ; qu'il ait une adminiftration qui concoure à entretenir fa population & une partie de fes richeffes ; & la liberté qu'il a conquife régnera à la fois & fur fes Habitans & fur ceux des Provinces. Le nombre feul des Citoyens qui l'habitent lui donne des forces infurmontables ; & tant qu'il confervera fa liberté, les Provinces font certaines de conferver la leur.

Que cette vérité frappe les oreilles des Députés des Provinces ; qu'elle leur foit préfentée, Meffieurs, par quelques-uns des hommes éloquens que vous poffédez dans votre Affemblée ; & toutes ces petites haines, ces jaloufies fecretes, ces rivalités irréfléchies, dont on vous a tant entretenu hier, difparoîtront de leur efprit.

Ah ! c'eft par le fouvenir du paffé, &

non, certes, par l'exemple du préſent, qu'ils pourroient encore être jaloux de la Capitale. Paris étoit à la vérité un gouffre qui dévoroit tout ; tous les hommes riches du Royaume y faiſoient leur ſéjour ; toutes les grandes places y étoient exercées ; toutes les affaires s'y traitoient. Mais tout reflue aujourd'hui dans les Provinces : un nombre infini de places va y être créé ; toutes les affaires ſe traiteront & ſe termineront ſur les lieux ; nous n'aurons plus ici ni Financiers qui s'enrichiſſoient de l'argent des Provinces, ni Bénéficiers opulens à qui l'argent des Provinces étoit envoyé dans une quantité incalculable. La Révolution que Paris a faite eſt donc toute entière au profit des Provinces ; & l'on pourroit dire que Paris ſeul y perdroit, ſi la Liberté qu'il gagne n'étoit pas une conquête qui réparât ſes autres pertes.

Ainſi, en me réſumant, la queſtion eſt & doit être encore *entière ;*

Acune idée de jalouſie ne peut animer les Députés des Provinces contre Paris ;

Paris au contraire doit être regardé par eux comme le rempart de la liberté, & il faut qu'ils lui accordent tout ce qui, ſans nuire aux autres, eſt néceſſaire à lui-même pour conſerver cette Liberté.

Qu'eſt-ce qui lui eſt néceſſaire ? D'abord, ce qui eſt accordé à toutes les Parties du Royaume, & ce qui ne peut lui être refuſé par aucun motif ; la faculté d'être dans un Département ;

Et enſuite la faculté d'être ou d'avoir lui-même un Département, dont on fixera les limites & l'organiſation , parce que, ſans cette faculté, Paris & enſuite les Provinces ne tarderoient pas à éprouver des malheurs que la France entière eſt intéreſſée à prévenir.

Je conclus donc à l'admiſſion du Plan de M. l'Abbé de Syeyes.

Paris doit être dans un Département.

Paris doit être ou avoir lui-même un Département.

www.ingramcontent.com/pod-product-compliance
Lightning Source LLC
LaVergne TN
LVHW020436060726
842525LV00006B/2426